F. Weber

AF145983

Feste & Feiern

Mein privater Jahreskalender

....
Stempel / Signatur

1. Auflage
Bibliographische Informationen der Deutschen Nationalbibliothek
Die Deutsche Nationalbibliothek verzeichnet diese Publikation in der
Deutschen Nationalbibliographie.
Detaillierte bibliographische Daten sind im Internet
über http://dnd.d-nd.de abrufbar.

© 2014 frank weber, marburg

Herstellung und Verlag: BoD Books on Demand GmbH

ISBN 978-3-7386-0407-8

Nach einer Idee von F. Weber

Feste & Feiern

Mein
ganz privater
Jahreskalender

← Name

....
← Anschrift

....
← Geschäftlich

....
← Telefon Festnetz / Mobil

....
← Email

....
← Site

Notizen für den Monat Januar:

....Weltreligionstag 3. Sonntag

....Martin Luther King Day 3. Montag

....Tag der Luftpolsterfolie Letzter Montag

....Welttag der Leprakranken Letzter Sonntag

1.Januar   **Neujahr**

....Weltfriedenstag

....Bloody-Mary-Tag

....Bonza-BottlerDay

Nationalfeiert. Brunei, Haiti, Kuba, Taiwan, Sudan, Slowakei, Tschechien

2.Januar

....

.... Berchtoldstag

....Waldmännchentag

....Run it up the Flagpole and see if anyone salutes

3.Januar

....

....

....

....Feiertag des Schlafens

4.Januar

....

....

....Nationalfeiertag Myanmar

....Braille-Tag / Welttag der Blindenschrift

5. Januar

....

....

....

....Nationaler Tag des Vogels

6. Januar

....Welt-Afrikatag

....Tag der Bohne

....Tag des Kuschelns

....Heilige Drei Könige

7. Januar

....

....

....Tag der Fossilien und alten Steine

.........Weihnachtsfest der orthodoxen Christen mit julianischem Kalender

8. Januar

....

....

....

....Tag des Schaumbades

9. Januar

....

....

....

....

10. Januar

....

....Paulustag

....Tag der Zimmerpflanze

.... Welt-Tag der Blockflöte

11. Januar

....

....

....Tag des deutschen Apfels

....Tag des Pfützenspringens

12. Januar

....
....
....
....

13. Januar

....
....
....
.... St. Knut-Tag

14. Januar

....
....
....
.... Zieh-dein-Haustier-an-Tag

15. Januar

....
....
....
.... Tag des Hutes

16. Januar

....
....
....
.... Nichts-Tag

17. Januar

....
....
....
.... Art's Birthday – Geburtstag der Kunst

18. Januar

....
....
....Reichsgründungstag 1871
....Welttag des Schneemannes

19. Januar

....
....Poe-Toaster-Tag
....Welttag der Migranten und Flüchtlinge
................................Gedenktag der Verschleppung der Ungarndeutschen

20. Januar

....
....
....
.... Tag der Pinguine

21. Januar

....
....Weltknuddeltag
....Tag der Jogginghose
....Sternzeichen Wassermann

22. Januar

....
....
....
....Deutsch-Französischer Tag

23. Januar

....
....Tag der Handschrift
....Welttag der Handballer
....National Pie Day / Tag der Torten

24. Januar

....

....Gegenteiltag

....Franz von Sales

....Tag der Komplimente

25. Januar

....

....

....

....Burns Supper

26. Januar

....

....Nationalfeiertag Indien

....,Tag der Zöllner / Zollunion

....Nationalfeiertag Australien

27. Januar

....

....

...........................Tag des Lesens und Schreibens / Family Literacy Day

...........................Internat. Tag des Gedenkens der Opfer des Holocaust

28. Januar

....
....
....Fun-at-Work-Day
....Europäischer Datenschutztag

29. Januar

....
....
....
....Weltpuzzletag

30. Januar

....
....
.................................Tag der sinnlosen Anrufbeantworternachrichten
.............................Jahrestag der Machtergreifung der Nationalsozialisten

31. Januar

....Nationalfeiertag Nauru
.... Tag der Strassenkinder
....Inspire your Heart with Art Day
.... Backward Day / Rückwärts-Tag

Notizen für den Monat Februar:

...........................Safer Internet Day – SID - 2. Tag - 2. Woche - 2. Monat

.... Welttag der Ehe 2. Sonntag

.............Gebetstag für Autismus und das Asperger-Syndrom 2. Sonntag

....Tag der Gesundheitsforschung 3. Wochenende

....Welttag der Schwertschlucker Letzter Samstag

1. Februar

....

....

....

....Robinson-Crsoe-Tag

2. Februar

....

....Welttag der Feuchtgebiete

....Murmeltiertag / Groundhog Day

....Mariä Lichtmeß – Darstellung des Herrn

3 Februar

....

....

....The Day the Music died

....Tag der männlichen Körperpflege

4. Februar

....

....

.... Weltkrebstag

.... Nationalfeiertag Sri Lanka

5. Februar

....

....

.... Nutella Tag

.... Hast-du-gepupst-Tag

6. Februar

....

....

.... Nationalfeiertag Neuseeland – Waitangi-Tag

Tag d. Nulltoleranz gegen Genitalverstümmelung bei Frauen u. Mädchen

7. Februar

....

....

.... Nationalfeiertag Grenada

.... Winke deinem Nachbarn mit allen Fingern Tag

8. Februar

....

....

....

....

9. Februar

....

....

....

....Tag der Zahnschmerzen

10. Februar

....

....

....Regenschirm-Tag

....Tag der Kinderhospizarbeit

11. Februar

....White Shirt Day

....Welttag der Kranken

....Tag des europäischen Notrufs 112

.... Weine-nicht-um-vergossene-Milch-Tag

12. Februar

....

....Internationaler Darwin-Tag

....Red Hand Day

........................Internationaler Tag gegen den Einsatz von Kindersoldaten

13. Februar

....

....

....Internationaler Tag des Radios

....................................Weltweiter Ändere-deinen-Namen-Tag

14. Februar

....

....

....

....St. Valentinstag

15. Februar

....Tag des Regenwurms

....Tag des Gummidrops

....Internationaler Angelman-Tag

....Internationaler Kinderkrebstag

16. Februar

....

....

....

....Nationalfeiertag Litauen

17. Februar

....

....

....

....Nationalfeiertag Kosovo

18. Februar

....

....Welt-Pluto-Tag

....Nationalfeiertag Gambia

....Nationaltag der Batterie

19. Februar

....

....

....

....Tag der Minzschokolade

20. Februar

....

....Liebe-dein-Haustier-Tag

....Sternzeichen Fische

....Welttag der sozialen Gerechtigkeit

21. Februar

....

.... Biikebrennen

....Welttag des Fremdenführers

....Internationaler Tag der Muttersprache

22. Februar

....

....Thinking Day

....Karneval in Venedig

....Peterstag / Kathedra Petri

23. Februar

....

....Tag des Verteidigers des Vaterlandes

.... Tag des Hundekuchens

....Nationalfeiertag Brunei, Guyana

24. Februar

....

....

....

....Nationalfeiertag Estland

25. Februar

....

....

....

....Tag der Schachtelsätze

26. Februar

....

....

....

....Erzähle-ein-Märchen-Tag

27. Februar

....

....Tag des Eisbären

....Nationalfeiertag Westsahara

....Nationalfeiertag Dominikanische Republik

28. Februar

....

.... Romanustag

....Weltkrokettentag

....Schlaf-in-der Öffentlichkeit-Tag

29. Februar

....

....

....Schalttag

....Tag der seltenen Erkrankungen

Notizen für den Monat März:

....

....Weltgebetstag der Frauen Erster Fr.

Weltnierentag Zweiter Do.

....Popcorn-Liebhaber-Tag Zweiter Do.

Tag der offenen Töpferei Zweites Wochenende

....Welttag der Invaliden Dritter So.

Weltschlaftag Dritter Fr.

....Document Freedom Day Letzter Mi.

Earth Hour Letzter Sa

....Zeitumstellung auf Sommerzeit Letzter So.

1. März

....

....World-Compliment Day (NL)

....Meteorologischer Frühlingsbeginn

....Nationalfeiertag Bosnien und Herzegowina

2. März

....

....

....

....

3. März

....Pfirsichblüten-Tag

....Nationalfeiertag Bulgarien

....Wenn-Haustiere-Daumen-hätten-Tag

....Tag des Artenschutzes - World Wildlife Day

4. März

....

....

....

....Internationaler Scrapbookling-Tag

5. März

....

....

....

....Tag des Energiesparens

6. März

....Tag des Zahnarztes

....Tag der Tiefkühlkost

....Nationalfeiertag Ghana

....Europäischer Tag der Logopädie

7. März

....

....

....

....Deutscher Tag der gesunden Ernährung

8. März

....

....

....Internationaler Frauentag

.Tag der Vereinten Nationen für die Rechte der Frau und den Weltfrieden

9. März

....

....

....

....Barbies Geburtstag

10. März

....

....

....

....

11. März

....

....

....Welttag der Organspende

....Europäischer Gedenktag für die Opfer des Terrors

12. März

....

....Gregorstag

....Pllanze-eine-Blume-Tag

....Nationalfeiertag Mauritius

13. März

....

....

....

.... Ohrenschützer-Tag

14. März

....

Pi-Tag

.... Tag der Flüsse

Weißer Tag (Japan)

....Steak- und Blowjob-Tag

Nationaler Tag des Kartoffelchips

....Erfahre-mehr-über-Schmetterlinge-Tag

Internationaler Aktionstag gegen Staudämme

15. März

....

....

Iden des März

.... Tag der Rückengesundheit

Protesttag gegen Polizeibrutalität

.... Alles-was-du-denkst-ist falsch-Tag

Europäischer und Weltverbrauchertag

16. März

....

....

....

....Alles-was-du-machst-ist-richtig-Tag

17. März

....

....

....

....St.Patrick's Day / Nationalfeiertag Irland

18. März

....

....

....Tag der Fruchtbarkeitsgöttin

.... Aktionstag für die Freiheit politischer Gefangener

19. März

....

....

....Joseftag

.... Nationalfeiertag Vatikanstadt

20. März

Frühlingsanfang

Tag des Glücks

....Weltspatzentag

Weltgeschichtentag

....Weltmundgesundheitstag

Nationalfeiertag Tunesien

....Kinder- und Jugendtheatertag

Welttag der französischen Sprache

..............................Tag des Vergiftungsschutzes für Kinder im Haushalt

21. März

Nouruztag
Weltwassertag
....Tag der Poesie
Tag des Waldes
....Sternzeichen Widder
Tag des Puppenspiels
....Tag der Hauswirtschaft
Nationalfeiertag Namibia
....Tag des Down-Syndroms
Tag der Entgeltgleichheit
Tag für die Beseitigung der Rassendiskriminierung

22. März

....

....

....

....Deutscher Tag der Kriminalitätsopfer

23. März

....

....

....Nationalfeiertag Pakistan

.................................Welttag der Meteorologie (Weltwettertag)

24. März

....

....

Welt-Tuberkulosetag
....Tag der schokolierten Rosinen
Internationalen Tag für das Recht auf Wahrheit
über schwere Menschenrechtsverletzungen und für die Würde der Opfer

25. März

....
....Tag der Verkündigung des Herrn

....Tag der Waffel

....Nationalfeiertag Griechenland

26. März

....

....

....Nationalfeiertag Bangladesch

....Purple Day (Aufklärung über Epilepsie)

27. März

....

....

....Rupertstag

....Welttheatertag

28. März

....

....

....

....Ehrentag des Unkrauts

29. März

....

....

....

....

30. März

....

....

....

....

31. März

....

....

....Welt-Backup-Tag

....Tag des Bunsenbrenners

Notizen für den Monat April:

....

....

....

....

....Record Store Day Dritter Sa.
Tag der älteren Generation Erster Mi.
....................................Nationaler Geh-zur-Arbeit-Tag Erster Fr.
World Pillow Fight Day Erster Sa.
....Boy's-Day - Girls Day - Mädchen- und Jungen-Zukunftstag Vierter Do.
Tag gegen Lärm Letzter Mi.
......................Tag der Sekretärinnen, Sekretäre u. Bürokräfte Letzter Mi.
Deutscher Venentag Letzter Sa.
....................................Internationaler Taiji- und Quigong-Tag Letzter Sa.
Internationaler Tag der Partnerstädte Letzter So.
........................Weltweiter Tag der Lochkamera-Fotographie Letzter So.

1.April

....

....

....

....1.April / Internationaler Brauchtumstag

2. April

....

....Internationaler Kinderbuchtag

....Welttag der Aufklärung über Autismus

....Nationaler Erdnussbutter- und Marmelade-Tag

3 April

....

....

....Welt-Party-Tag

....Finde-einen-Regenbogen-Tag

4. April

....
Qingming-Fest
....Erzähl-eine-Lüge-Tag
Nationalfeiertag Senegal
....Internationaler Tag gegen Landminen
Internationalen Tag für die Aufklärung
.....über Minengefahr und die Unterstützung von Antiminenprogrammen

5. April

....

....

....

....

6. April

....

....Tartan-Day

....Welt-Olympia-Tag

....Internationaler Tag des Sports

7. April

....Weltgesundheitstag

....New-Beer's Eve

....Keine-Hausarbeit-Tag

....Karamell-Popcorn-Tag

8. April

....

....

....Kambutsue

....Internationaler Tag der Roma

9. April

....

....

....

....Nationalfeiertag Irak

10. April

....

....

....Tag der Golfer

....Welt-Tag der Geschwister

11. April

....

....

....Unsichtbarkeitstag

....Welt-Parkinson-Tag

12. April

....

....

....

....Tag der Kosmonauten

13. April

....

....

....Scrabble-Tag

....Welt-Ehrentag der Pflanze

14. April

....

....Tiburtius

....Tag der Pekannuss

....Schau-in-den-Himme-Tag

15. April

....

....

....Titanic-Gedenktag

....Tag des Radiergummis

16. April

....

....Internationaler Tag der Stimme

....Tag des Leipziger Auwaldes

....Nationaler Eggs-Benedict-Tag

17. April

....

....Nationalfeiertag Syrien

....Welttag der Hämophilie

....Europäischer Tag der Jugendinformation

18. April

....

....Weltamateurfunktag

....Internationaler Denkmaltag

....Nationalfeiertag Simbabwe

19. April

....Weltfondstag

....Welt-Fahrradtag (CH)

....Primrose Day (Primeltag)

....Nationaler Tag des Knoblauchs

20. April

....

....Welttag der chinesischen Sprache

....Gedenktag zu Ehren der Columbine-Opfer

....Internationaler Kiffer-Tag / Canabis-Tag

21. April

....Europäische Impfwoche

....Sternzeichen Stier

....Kindergarten-Tag

....Natale di Roma

22. April

....

....

....Nationaler Tag der Jelly-Beans

....Tag der Erde / Earth Day

23. April

....

....Georgstag
Türkisches Kinderfest
....Tag des deutschen Bieres
Welttag der englischen Sprache (UN)
....Welttag des Buches und des Urheberrechzrd

24. April

....

....Internationaler Tag des Versuchstieres

....Würstchen-im-Schlafrock-Tag

...........................Gedenktag für die Opfer des türkischen Völkermordes an

25. April

....

Welt-Pinguin-Tag

....Welttag des Baumes

Weltmalariatag

....Welt-DNA-Tag

Markustag

......................................Internationaler Tag der Eltern-Kind-Entfremdung

26. April

....Welttag des geistigen Eigentums

....Tag der Erneuerbaren Energien

....Nationalfeiertag Tansania

....Jahrestag der Katastrophe von Tschernobyl

27. April

....

....Welt-Grafiker-Tag

Welttag des Designs

....Nationaler Prime-Rib-Tag

Nationalfeiertag Niederlande –Koningsdag

....Nationalfeiertag Togo, Sierra Leone, Süd-Afrika

28. April

....

....

....

................Welttag für Sicherheit und Gesundheitsschutz am Arbeitsplatz

29. April

....

....

....Tag der Immunologie

....Welttag des Tanzes

30. April

....

....Walpurgisnacht (Europa)

....Internationaler Tag des Jazz

....Deutscher Tag für gewaltfreie Erziehung

Notizen für den Monat Mai: Weltfischbrötchentag Anf. Mai

Weltlachtag Erster So.

....Weltasthmatag Erster Di.

Ohne-Hose-Tag Erster Fr.

....Muttertag Zweiter So.

Deutscher Tag der Kinderbetreuung Zweiter Mo.

....Tag des richtigen Liegens (Schweiz) Zweiter Do.

Europäischer Weltladentag Zweiter Sa.

....Weltzugvogeltag Zweiter Wochenende

1.Mai

....
Maifeiertag
....Patrona Bavariae
Staatsfeiertag (Österreich)
....Bitttag um gesegnete Arbeit
Gedenktag Josef der Arbeiter
....Nationalfeiertag Marshallinseln

2.Mai

....

....

....Remembrance & Resistance

..............................Internationaler Kampf- und Feiertag der Arbeitslosen

3. Mai

....

....Welttag der Pressefreiheit

....Internationaler Tag der Sonne

....Nationalfeiertag Polen

4. Mai

....Florianstag

....Tag der Feuerwehrleute

....Nazionale Dodenherdenking

....Star-Wars-Tag

5. Mai   Europatag des Europarates

Bevrijngsdag
....Kodomo no Hi
Welthändehygienetag
....Tag des herzkranken Kindes
Internationaler Hebammentag
....Gedenken gegen Gewalt und Rassismus
Tag der Befreiung in Dänemark und Niederlande
..Europ. Protesttag zur Gleichstellung von Menschen mit Behinderungen

6. Mai

....

....Internationaler Anti-Diät-Tag

....Welttag der geistlichen Berufe

....Tag der Regenbogenfamilien

7. Mai

....

....

....

....

8. Mai

....

....Weltrotkreuztag

....Ohne-Socken-Tag

....Tag der Befreiung

9. Mai

....Europatag (der Europäischen Union)

....Tag des Sieges

....Tag des Orgasmus

....Tag der verlorenen Socke

10. Mai

....

....

....Deutscher Tag des freien Buches

....Deutscher Tag gegen den Schlaganfall

11. Mai

....

....

....

....Eisheilige – 11. bis 15. Mai

12. Mai

....

....

....Tag der Krankenpflege

....Tag des Chronischen Erschöpfungssyndroms

13. Mai

....

....

....

....Tag des Apfelkuchens

14. Mai

....

....

....Nationalfeiertag Israel

....Underground American Day

15. Mai

....Internationaler Tag der Kriegsdienstverweigerung

....Nationaler Tag der Schokoladentropfen

....Internationaler Tag der Familie

....Nationalfeiertag Paraguay

16.Mai

....

....

....Tag der ungewollt Kinderlosen

....Tag der Sea.Monkeys (Urzeitkrebse)

17.Mai

....
Weltfernmeldetag
....Welthypertonietag
Sebastian-Kneipp-Tag
....Nationalfeiertag Norwegen
Norwegischer Verfassungstag
....Internationaler Tag gegen Homophobie

18. Mai

....

....

....

....Internationaler Museumstag

19. Mai

....

....

....

....

20. Mai

....Fremdworttag

....Ernte-Erdbeeren-Tag

....Europäischer Tag der Meere

....Nationalfeiertag Kamerun

21. Mai

....

....

....Sternzeichen Zwillinge

....Internationaler Tag für kulturelle Entwicklung

22. Mai

...............................Tag zur Erhaltung der biologischen Vielfalt

....World Goth Day

....Nationalfeiertag Jemen

....Welt-Schildkröten-Tag

23. Mai

....

....

....Tag des Grundgesetzes

.....................................Internationaler Tag zur Erhaltung der Artenvielfalt

24. Mai

....Tag der Weinbergschnecke

....Tag der kyrillischen Schrift

....Europäischer Tag des Parks

....Nationalfeiertag Eritrea

25. Mai

....
Afrikatag
....Urbanstag
National Sorry Day
....Towel Day (Handtuchtag)
Nationalfeiertag Argentinien, Jordanien
....Internationaler Tag der vermissten Kinder

26. Mai

....

....

....Muttertag in Polen

....Nationalfeiertag Georgien

27. Mai

....

....

....

....Welttag des Purzelbaums

28. Mai

....

....Welt-MS-Tag
Weltspieletag
....Tag der Grenzsoldaten
Tag der Lebensspende
....Nationalfeiertag Aserbaidschan Äthiopien Nepal

29. Mai

....

....

....

........................Internationaler Tag des UN-Friedenssicherungspersonals

30. Mai

....

....

....

....Gies eine Blume Tag

31. Mai

....

....

....

....Weltnichtrauchertag

Notizen:

....

....

....

....

Notizen für den Monat Juni:

....

....

....Tag der Organspende Erster Sa.
Welterbetag Erster So.
....Tag des Hundes Erster So.
Weltnaturistentag Erster So.
....Welt-Orthoptik-Tag Erster Mo.
Aktionstag gegen den Schmerz Erster Di.
....Deutscher Tag des Gartens Zweiter So.
Welt-Hirntumortag Zweiter So.
....Tag der Verkehrssicherheit Dritter Sa.
Mobil ohne Auto Dritter Sa.
....Kollege-Hund-Tag Letzter Do.
Geotag der Artenvielfalt Zweites Wochenende
....Tag der Musik Drittes Wochenende
Deutscher Mühlentag Pfingstmontag
....Tag des offenen Hofes Wochenende nach Pfingsten
Tag der Architektur Letztes Wochenende

1.Juni

....

Weltmilchtag
....Weltbauerntag
Albert-Schweitzer-Tag
....Internationaler Kindertag
Nationalfeiertag Samoa
....Meteorologischer Sommerbeginn

2.Juni

....

....

....Hurentag

....Nationalfeiertag Italien

3.Juni

....

....

....

....Europäischer Tag des Fahrrades

4. Juni

....

....Schafskälte

Welttierschutztag

....Nationalfeiertag Tonga

Umarme-deine-Katze-Tag

.........Tag für Kinder, die unschuldig zu Aggressionsopfern geworden sind

5.Juni

....

....

....Weltumwelttag

....Nationalfeiertag Dänemark

6.Juni

....

....D-Day-Gedenktag

Nationaltag der Donuts

....Tag der Sehbehinderten

Nationalfeiertag Schweden

....Welttag der russischen Sprache

7.Juni

....

....

....Nationaler Schokoladeneis-Tag

....VCR Day – Tag des Videorekorders

8.Juni

....

....

....Welttag der Ozeane undMeere

....Was-willst-du-trinken-Tag – Name your poison

9. Juni

....

....

....

....

10. Juni

....

....Eistee-Tag

....Portugal-Tag

....Deutscher Kindersicherheitstag

11. Juni

....

....

....Barnabastag

....Tag des deutschen Schokoladenkuchens

12. Juni

....

....Internationaler Tag gegen Kinderarbeit

....Welt-Tag des Tagebuchs

....Nationalfeiertag Philippinen, Russland

13. Juni

....

....

....Donald-Ducks-Geburtstag

....Deutscher Tag des Rauchmelders

14. Juni

....

....

....

....Weltblutspendetag

15. Juni

....

....

....Global-Wind-Day – Welt-Wind-Tag

...................................Welttag gegen die Misshandlung älterer Menschen

16. Juni

....

....

....Bloomsday

....Tag des afrikanischen Kindes

17. Juni

....Nationaler Gedenktag des deutschen Volkes

....Tag des Cholesterins

....Nationalfeiertag Island

..............Welttag für die Bekämpfung von Wüstenbildung und Dürre (UN)

18. Juni

....Tag der Apotheke

....Autistic-Pride-Day

....Tag der Ausbildung

....Nationalfeiertag Seychellen

19. Juni

....

....

....

....Welt-Martini-Tag

20. Juni

....

....

....Midsommer

....Welttag des Flüchtlings (UN)

21. Juni   Geh-Skateboarden-Tag
                                          Internationaler T-Shirt-Tag
....Deutscher Tag des Schlafes
                                          Nationaler Tag des Papierfliegers
....Europäischer Tag der Alten Musik
                                          Deutscher Tag des Sonnenschutzes
....Deutscher Lebensmittel-Allergietag
                                Europäischer Tag der Musik - Fete de la Musique
..........Kalendarischer Sommeranfang – Sommersonnenwende, Juhannus

22. Juni

....Sternzeichen Krebs

....Stupid Guy Things Day

....Tag des antifaschistischen Kampfes

....Nationaler-Schokoladen-Eclair-Tag

23. Juni

....

....Tag der Schreibmaschine
Internationaler Olympiatag
....Nationalfeiertag Luxemburg
Tag des öffentlichen Dienstes
....Deutsche Aktionstage Nachhaltigkeit

24. Juni

....

....

....

....Johannistag oder Sankt Hans Fest

25. Juni

....

....

....Tag des Seefahrers

......................................Nationalfeiertag Kroatien, Mosambik, Slowenien

26. Juni

....Nationalfeiertag Madagaskar

.........Tag der Vereinten Nationen zur Unterstützung der Opfer von Folter

..........Antidrogentag - Internationaler Tag gegen Drogenmissbrauch und
unerlaubten Sucht-stoffverkehr

27. Juni

....Tag der Sonnenbrille

....Siebenschläfertag

....Weltdufttag

....Nationalfeiertag Dschibuti

28. Juni

....

....

....

....Christopher Street Day (CSD)

29. Juni

....

....

....Peter und Paul

....Internationaler Donau-Tag

30. Juni

....

....Welt-Tag des Meteors

....Internationaler Inkontinenztag

....Nationalfeiertag Demokratische Republik Kongo

Notizen für den Monat Juli:

....

....

....Internationaler Genossenschaftstag Erster Sa.

...................................System Administrator AppreciationDay Letzter Fr.

1.Juli

....

....Intact-Day

....July Morning

...................................Nationalfeiertag Kanada, Somalia, Ruanda, Burundi

2. Juli

....Tag der Franken

....Welt-Tag des UFOs

....Hab-ich-vergessen-Tag

...................................Fest der Niederlegung der Muttergottesgewänder

3. Juli

....

....

....

....Tag der Klimaanlage

4. Juli

....

....

....Ulrichstag

....Nationalfeiertag USA / Independence-Day

5. Juli

....

....

....

....Nationalfeiertag Kap Verde, Venezuela

6. Juli

....

....

....Tag des Kusses

....Nationalfeiertag Komoren, Malawi

7. Juli

....

....Tanabata

....Iwan-Kupala-Tag

....Nationalfeiertag Salomonen

8. Juli

....

....

....Kilianstag

....Steuerzahlergedenktag

9. Juli

....

....

....Welt-Tag des Rock'n'Roll

....Nationalfeiertag Südsudan

10. Juli

....

....

....Tag der Pina Colada

....Nationalfeiertag Bahamas

11. Juli

....

....Weltbevölkerungstag

....Nationalfeiertag Mongolei

....Tag des Genozid in Srebrenica

12. Juli

....

....

....

.............................Nationalfeiertag Sao Tome und Principe, Kiribati

13. Juli

....

....

....Nationalfeiertag Montenegro

....Sei-stolz-ein-Geek-zu-sein-Tag

14. Juli

....

....

....

....Fete national – franz. Nationalfeiertag

15. Juli

....

....

....

....Zwölfbotentag

16. Juli

....

....

....

....Tag Unserer Lieben Frau auf dem Berge Karmel

17. Juli

....

....

....Perseiden (bis 24.8.)

....Internationaler Tag der Gerechtigkeit

18. Juli

....

....

....

....Internationaler Nelson-Mandela-Tag

19. Juli

....

....

....

....Tag des Daiquiri

20. Juli

....

....Weltraumforschungstag

....Nationalfeiertag Kolumbien

..Gedenken an den Widerstand gegen die nationalsoz. Gewaltherrschaft.

21. Juli

....

....

....Nationalfeiertag Belgien

..........................Nationaler Gedenktag für verstorbene Drogenabhängige

22. Juli

....

....

....Anti-Duckface-Tag

....Pi-Annäherungstag

23. Juli   Vanilleeis-Tag

....Tag des Hot-Dogs

....Sternzeichen Löwe

....Nationalfeiertag Ägypten

....Hundstage vom 23.7. bis 23.8.

24. Juli

....
....Tag der virtuellen Liebe
....Internationaler BDSM-Tag
....Internationaler Tag der Freude

25. Juli

....
....
....
.... Jakobstag

26. Juli

....
....Annentag
....Tag des verschlafenen Kopfes
....Nationalfeiertag Liberia, Malediven

27. Juli

....
....
....
....Unabhängigkeitstag Weißrussland

28. Juli

....

....

....Welt-Hepatitis-Tag

.... Nationalfeiertag Peru

29. Juli

....

....

....

....Tag des Regens

30. Juli

....

....Internationaler Tag der Freundschaft

....Nationalfeiertag Marokko Vanatu

....Zuspätkommtag

31. Juli

....

....

....

....National Orgasm Day (GB)

Notizen für den Monat August:

....

....

....Internationaler Tag des Bieres   Erster Fr.

....Weltrohkosttag Letzter So.

1.August

....

....Welt-Mittelfingertag

....Nationalfeiertag Benin

....Nationalfeiertag der Schweiz

2. August

....

....

....

....Gedenktag Mazedonien

3. August

....

....

....

....Weltweiter Tag der Schwestern

4. August

....

....

....

....Welt-Tag des Champagners

5. August

....

....

....

....Maria Schnee

6. August   Netzkulturtag

....Hiroshima-Tag

....Verklärung des Herrn

....Deutscher Tag der Heimat

....Nationalfeiertag Bolivien, Jamaika

7. August

....

....

....

....Nationalfeiertag Elfenbeinküste

8. August

....Dominikus-Tag

....Wiederholungstag

....Internationaler Katzentag

....Augsburger Hohes Friedensfest

9. August

....Women's day (Südafrika)

....Nationalfeiertag Singapur

....Welttag der Buchliebhaber

....Welt-Tag der autochtonen / indigenen Völker

10. August

....

....Laurentiustag

....Weltfaulpelztag

....Nationalfeiertag Ecuador

11. August

....

....

....Welt-Spiel-im-Sand-Tag

....Nationalfeiertag Tschad

12. August

....

....

....Internationaler Tag der Jugend

....Sternschnuppen-Maximum der Perseiden

13. August

....

....

....Jahrestag des Mauerbaus 1961

....Internationaler Linkshändertag

14. August

....

....

....Navajo-Code-Sprecher-Tag

....Nationalfeiertag Pakistan

15. August   Mariä Himmelfahrt

....Welttag des Panamakanals

....Nationaler Fehlertag (USA)

....Japanischer Gedenktag des Kriegsendes

...........Nationalfeiertag Republik Kongo, Liechtenstein, Südkorea, Indien

16. August

....

....

....

....Bennington Battle Day

17. August

....

....

....

....Nationalfeiertag Indonesien, Gabun

18. August

....

....

....

....

19. August

....

....Tag des scharfen Essens

....Welttag der humanitären Hilfe

....Nationalfeiertag Afghanistan

20. August

....

....

....Welt-Moskito-Tag

....Nationalfeiertag Ungarn

21. August

....

....

....

....

22. August

....

....Maria Königin

....Tag der Fische

....Tag der Zahnfee

23. August

....

....

...Europ. Tag d. Gedenkens d. Opfer v. Stalinismus u. Nationalsozialismus

...Internat. Tag d. Erinnerung an d. Sklavenhandel u. dessen Abschaffung

24. August

....Sternzeichen Jungfrau

....Nationalfeiertag Ukraine

....Amerikanischer Tag der Waffel

...................................Gründungstag der Deutschen Fußball-Bundesliga

25. August

....

....

....

....Nationalfeiertag Uruguay

26. August

....

....

....

....Welt-Tag des Toilettenpapiers

27. August

....

....

....Welt-Einfach-so-Tag

....Nationalfeiertag Moldawien

28. August

....

....

....

....Tag der Russlanddeutschen

29. August

....

....

....

....Internationaler Tag gegen Nuklearversuche

30. August

....

....

....Internationaler Tag der Verschwundenen

....Gedenktag für Todesopfer in Abschiebungshaft

31. August

....

....

....

....................Nationalfeiertag Kirgisistan, Malaysia, Trinidad und Tobago

Notizen für den Monat September:

Labor Day Erster Mo.

....Tag der Schöpfung Erster Fr.

Tag des Kaffees Erster Sa.

.............................Welttag der sozialen Kommunikationsmittel Zweiter So.

Tag der Heimat Zweiter So.

....Tag der Erinnerung und Mahnung Zweiter So.

Tag des offenen Denkmals Zweiter So.

....R U OK Day (Australien) Zweiter Do.

Internationaler Tag der Ersten Hilfe Zweiter Sa.

.............................Internationaler Tag der deutschen Sprache Zweiter Sa.

Tag des Geotops Dritter So.

...................................Eidgenössischer Dank-, Buss und Bettag Dritter So.

Deutscher Tag des Handwerks Dritter Sa.

....................................Internationaler Tag der Softwarefreiheit Dritter Sa.

Tag des Friedhofs Drittes Wochenende

....Weltschifffahrtstag Letzter Do.

FSC-Friday Letzter Fr.

....Tag des deutschen Butterbrotes Letzter Fr.

Internationaler Tag der Gehörlosen Letzter So.

....................................Europäischer Tag der jüdischen Kultur Letzter So.

Tag des Kinderkrankenhauses Ende September

1.September

....Meteorologischer Herbstbeginn

....Deutscher Antikriegstag

....Nationalfeiertag Libyen

....Nationalfeiertag Usbekistan

2. September

....

....

....Nationalfeiertag Vietnam

....Nationaler Enthauptungstag (USA)

3 September

....

....

....Welt-Tag des Wolkenkratzers

....Nationalfeiertag Katar, San Marino

4. September

....

....

....

....Nationaler Zeitungsausträger Tag (USA)

5. September

....

....

....Deutscher Kopfschmerztag

....Internationaler Tag der Wohltätigkeit

6. September

....

....

....Abfraßtag

....Nationalfeiertag Swasiland

7. September

....Tag der Salami

....Welttag des Bartes

....Nationalfeiertag Brasilien

Gedenktag zur Konstituierung des 1.deutschen Bundestages am 7.9.1949

8. September

....

....

...................................Welttag der Alphabetisierung / Weltbildungstag

...................................Nationalfeiertag Andorra, Mazedonien

9. September

....

....

...................................Nationalfeiertag Nordkorea, Tadschikistan

...................................Internationaler Tag des alkoholgeschädigten Kindes

10. September

....

....

....

....Welt-Suizid-Präventionstag (WHO)

11. September

....

....

....Patriot Day

....Tag der Wohnungslosen

12. September

....

....Weltkautschuktag

....Europäischer Migränetag

................................Tag der UN für die Süd-Süd-Zusammenarbeit

13. September

....

....

....Welt-Sepsis-Tag

....Welt-Tag des positiven Denkens

14. September

....

....

....Kreuzerhöhung

....Tag der Tropenwälder

15. September

....
Weltlymphomtag
....Tag des Filzhutes (USA)
Tag des Iberischen Pferdes
....Internationaler Tag der Demokratie
Internationaler Tag der Bildungsfreiheit
...............Nationalfeiertag Costa Rica, El Salvador, Guatemala, Honduras,
Nicaragua

16. September

....

....

....Int. Tag zum Schutz der Ozonschicht

....Nationalfeiertag Mexiko, Papua-Neuguinea

17. September

....

....

....

....

18. September

....

....

.... Nationalfeiertag Chile

.... Tag des Cheeseburger

19. September

....

....

....Sprich-wie-ein-Pirat-Tag

....Nationalfeiertag St. Kitts und Nevis

20. September

....

....

....

.... Weltkindertag

21. September

....Tag des Geotops

....Welt-Alzheimertag

....Internationaler Friedenstag (UN)

....Nationalfeiertag Armenien, Belize, Malta

22. September

....

....Weltnashorntag

....Nationalfeiertag Mali

....Europäischer autofreier Tag

23. September

....Herbstanfang

....Deutscher Lungentag

....Welt-Tag der Bisexualität

....Nationalfeiertag Saudi-Arabien

24. September

....Tag der Sauna

....Sternzeichen Waage

....Tag des heiligen Rupert

....Nationalfeiertag Guinea Bissau

25. September

....

....

....Rosch ha Schana

....Tag der Zahngesundheit

26. September

....
....
....
....Europäischer Tag der Sprachen

27. September

....
....
....
....Welttourismustag (UN)

28. September

....
....
....
....Welt-Tollwut-Tag (WHO)

29. September

....
....Michaelistag
....Weltherztag
....Tag der Endometriose

30. September

....

....

....Tag des Übersetzens

....Nationalfeiertag Botswana

Notizen für den Monat Oktober:

....
Erster So. n. Michaelis   Erntedank
.................................Welttag des Wohn- und Siedlungswesens   Erster Mo.
Welt-Smiley-Tag   Erster Fr.
........................Welttag und Europäischer Tag d. Organspende   Erster Sa.
Kolumbus Day   Zweiter Mo.
....Stell dich deinen Ängsten Tag   Zweiter Di.
Internationaler Tag der Katastrophenvorbeugung   Zweiter Mi.
....Welt-Ei-Tag   Zweiter Fr.
Welthospiztag   Zweiter Sa.
....Zeitumstellung   Letzter So.
Weltspartag   Letzter Werktag

1.Oktober

....Weltmusiktag

....Weltvegetariertag

....Tag der Flüchtlinge

....Internationaler Hepatitis-C-Tag

....Europäischer Tag der Depression

....Internationaler Tag der älteren Menschen

.............................Nationalfeiertag China, Palau, Nigeria, Tuvalu, Zypern

2. Oktober

....

....Schutzengelfest

....Internationaler Tag der Gewaltlosigkeit

....Nationalfeiertag Indien Gandhi Jayanti, Guinea

3 Oktober

....

....Tag der offenen Moschee

....Internationaler Tag der Ballonkünstler

.......................Nationalfeiertag Deutschland - Tag der Deutschen Einheit

4. Oktober

....

....

....Welttierschutztag

....Nationalfeiertag Lesotho

5. Oktober

....

....Tag der Epilepsie

....Star Wars Reads day

....Internationaler Tag des Lehrers

6. Oktober

....
....
....
....Deutsch-Amerikanischer Tag

7. Oktober

....
....
.... Rosenkranzfest
....Welttag für menschenwürdige Arbeit

8. Oktober

....
....
....Tag der Naturheilkunde
....Wettergesprächs- und Smalltalk-Tag

9. Oktober

....
....Leif-Eriksson-Tag
....Nationalfeiertag Uganda
....Weltposttag - Tag des Weltpostvereins

10 Oktober

....Tag der geistigen Gesundheit

....Tag der seelischen Gesundheit

....Welt- u. Europäischer Tag gegen die Todesstrafe

....Nationalfeiertag Fidschi, Republik China (Taiwan)

11. Oktober

....

....Coming-Out-Day

....Internationaler Hundetag

....Internationaler Welt-Mädchentag

12. Oktober

....Weltarthritistag

....Tag der Frustrationsschreie

....Welttag der spanischen Sprache (UN)

....Nationalfeiertag Äquatorialguinea, Spanien

13. Oktober

....

....

....International Suit up Day

....Nationaler Fehlertag (Finnland)

14. Oktober

....

....

....Deutscher Hospiztag

....Welttag des Standards (ISO)

15. Oktober

....

....Blog Action Day

....Internationaler Tag des Weißen Stockes

...............................Internationaler Tag der Frauen in ländlichen Gebieten

16. Oktober

....

....Gallustag

....Boss-Day

....Welthungertag, Welternährungstag

17. Oktober

....

....

....Sweetest Day

....Internationaler Tag der Beseitigung der Armut

18. Oktober

....Alaska-Day

....Ohne-Bart-Tag

....Weltkrawattentag

....Welt-Menopausetag

19. Oktober

....

....

....

....Evaluier-dein-Leben-Tag

20. Oktober

....

....

....World Statistics Day

....Weltosteoporosetag

21. Oktober

....

....

....Trafalgar-Day

....Tag des traditionellen Handwerks im Erzgebirge

22. Oktober

....

....

....

....Welttag des Stotterns

23. Oktober

....

....

....

....Tag des Mols

24. Oktober

....

....Sternzeichen Skorpion
Nationalfeiertag Sambia
....Deutscher Tag der Bibliotheken
Welttag der Vereinten Nationen (UN)
....................................Welttag der Information über Entwicklungsfragen

25. Oktober

....Welt-Nudeltag

....Europäischer Tag der Ziviljustiz

....Sourest Day – Sauerster Tag im Jahr

....Nationalfeiertag Kasachstan

26. Oktober

....

....

....

....Nationalfeiertag Österreich

27. Oktober

....

....Nationalfeiertag Turkmenistan

....Welttag des audiovisuellen Erbes (UNESCO)

.....................................Nationalfeiertag St. Vincent und die Grenadinen

28. Oktober

....Weltpoliotag

....Welt-Konfetti-Tag

....Nein-Tag in Griechenland

....Nationalfeiertag Tschechien

29. Oktober

....Nationalfeiertag Türkei

....Internationaler Internettag

....Weltschlaganfalltag - World Stroke Day

....Welt-Psoriasistag - Tag der Schuppenflechte

30. Oktober

....

....

....

....Tag des verfluchten Kühlschrankes

31. Oktober

....Halloween

....Wolfgangstag

....Tag der Toten

....Reformationstag

<u>Notizen für den Monat November:</u>

....Aktionstag „Rettet die Kastanien" Zweiter Sa.

..........Welttag der chronisch obstruktiven Lungenerkrankung Dritter Mi.

....Welttag der Philosophie Dritter Do.

....Bundesweiter Vorlesetag Dritter Fr.

........................Weltgedenktag für die Straßenverkehrsopfer Dritter So.

....Thanksgiving Vierter Do.

....Volkstrauertag Vorletzter So. im KJ

....Buß- und Bettag Mi. vor dem Totensonntag

....Totensonntag Letzter So. vor dem 1. Advent

1. November

....

....Allerheiligen

....Weltvegantag

............Nationalfeiertag Algerien, Nationalfeiertag Antigua und Barbuda

2. November

....

....Allerseelen

....Tag der Toten

....Tag zum Schutz des Journalisten

3 November

....

....Welttag des Mannes

....Hubertustag (Tag der Jäger)

.................................Nationalfeiertag Dominica, Mikronesien, Panama

4. November

....

....

....

....Nationaler Skeptiker-Tag

5. November

....

....

....Bonfire Night / Gunpowder Plot

....Tag des Freiwilligenmanagements

6. November

....

....Leonhardifest

....Ohne-Kompass-ausgesetzt-sein-Tag

Tag für d. Verhütung d. Ausbeutung d. Umwelt in Kriegen und Konflikten

7. November

....

....

....

....Tag der Oktoberrevolution

8. November

....

....

....

....Internationaler Tag der Putzfrau

9. November   Tag der Erfinder

....Tag des Mauerfalls '89

....Ausrufung der deutschen Republik '18

....Gedenktag an die Reichspogromnacht '38

....Nationalfeiertag Kambodscha

10. November

....

....

....Vergiß-mein-nicht-Tag

....................................Weltwissenschaftstag für Frieden und Entwicklung

11. November

....

....Martinstag
Veteransday
....Gegenteiltag
Beginn der Karnevals
....Pepero-Day (Südkorea)
Nationalfeiertag Angola, Polen

12. November

....

....Welt-EDI-Tag

....Ehrentag für Oma und Opa

....Tag der schlechten Wortspiele

13. November

....

....

....

....Welt-Nettigkeitstag

14. November

....

....

....Leoniden

....Welt-Diabetestag

15. November

....

....Deutscher Magentag

....Tag des inhaftierten Schriftstellers

....Palästinensischer Unabhängigkeitstag

16. November

....

....

....

....Tag der Toleranz

17. November

....Wookie-Life-Day

....Sternschnuppen-Maximum

....Internationaler Studententag

....Internationaler Tag des Frühgeborenen

18. November

....

....

....

....Nationalfeiertag Lettland, Oman

19. November

....Tag der Suppe

....Welttoilettentag

....Nationalfeiertag Monaco

....Internationaler Männertag

20. November

....

....Weltkindertag

....Deutscher Lebertag

....Tag der Industrialisierung Afrikas

21. November

....

....

....Welt-Hallo-Tag

....Welttag des Fernsehens (UN)

22. November

....

....Cäcilientag

....Tag der Hausmusik

....Nationalfeiertag Libanon

23. November

....

....

....Sternzeichen Schütze

....Tag des Dankes für die Arbeit (Japan)

24. November

....

....

....

....Feier-dein-einzigartiges-Talent-Tag

25. November

....Tag des Hutes

....Tag der weißen Schleife

....Nationalfeiertag Suriname

......................................Tag für die Beseitigung der Gewalt gegen Frauen

26. November

....

....

....

....Welttag der Zeitschriften

27. November

....

....

....

....Tag des Streichholzes

28. November

....

....

....Welt-Tag des roten Planeten

......................................Nationalfeiertag Albanien, Mauretanien, Osttimor

29. November

....

....

....Tag der elektronischen Grußkarten

.........Internationaler Tag der Solidarität mit dem palästinensischen Volk

30. November

....

....

....Tag der Computersicherheit

....Nationalfeiertag Barbados

<u>Notizen für den Monat Dezember:</u>

....

....

.... Worldwide Candle Lighting Zweiter So.

...................................Internationaler Tag des Chorgesangs Zweiter So.

1.Dezember

....

....Welt-AIDS-Tag

....Meteorologischer Winterbeginn

.........................Nationalfeiertag Rumänien, Zentralafrikanische Republik

2. Dezember

....

....Tag des Sicherheitsrasierers

............................Nationalfeiertag Laos, Vereinigte Arabische Emirate

............................Internationaler Tag für die Abschaffung der Sklaverei

3. Dezember

....

....

....Nationaler-Dach-über-dem-Kopf-Tag

............................Internationaler Tag der Menschen mit Behinderungen

4. Dezember

....

....

....

.... Barbara-Tag

5. Dezember   Heisenberg-Tag

.... Nationalfeiertag Thailand

.... Internationaler Tag des Bodens

.... Internationaler Tag des Ehrenamtes

................Tag der Freiwilligen für wirtschaftliche und soziale Entwicklung

6. Dezember

....

....

.... Nikolaustag

.... Nationalfeiertag Finnland

7. Dezember

....Geminiden

....Pearl Harbor Gedenktag

....Tag des brandverletzten Kindes

....Tag der Internationalen Zivilluftfahrt (UN)

8. Dezember

....

....

....Mariä Empfängnis

....Internationaler Kinder-Fernsehtag

9. Dezember

....

....

....

....Internationaler Anti-Korruptions-Tag

10. Dezember

....

....

....Tag der Menschenrechte

....Tag der Überreichung der Nobelpreise

11. Dezember

....

.... Tag der UNICEF

....Internationaler Tag der Berge

....Nationalfeiertag Burkina Faso

12. Dezember

....

....

....Nationalfeiertag Kenia

....Tag des Weihnachtssterns

13. Dezember

....

....

.... Luciafest

....Nationalfeiertag St. Lucia

14. Dezember

....

....

....

....Welt-Affentag

15. Dezember

....

....

....

.... Esperantobuchtag

16. Dezember

....

....

....Nationalfeiertag Bahrain

....Tag der Versöhnung / Day of Reconciliation

17. Dezember

....

....

.... Nationalfeiertag Bhutan

....Tag gegen Gewalt an Sexarbeiterinnen

18. Dezember

....

.... Tag der Migranten

.... Tag der arabischen Sprache

.... Nationalfeiertag Niger

19. Dezember

....

.... La Palomita de Poy

....Tag der Süd-Süd-Zusammenarbeit

.... Tag für die Opfer des Völkermordes an Sinti und Roma

20. Dezember

....

....

....Sangria-Tag

....Internationaler Tag der menschlichen Solidarität

21. Dezember

....Julfest
Yalda-Nacht
....Welt-Orgasmus-Tag
Wintersonnenwende
....Tag der Taschenlampe
Tag des Kreuzworträtsels
....Kalendarischer Winterbeginn

22. Dezember

....

....

....

....Sternzeichen Steinbock

23. Dezember

....

....

....Festivus

....Nationalfeiertag Japan

24. Dezember

....

....

....

.... Heilig Abend

25. Dezember

....

....

....

....1. Weihnachtsfeiertag

26. Dezember

....2. Weihnachtsfeiertag

....Stefanitag

....Boxing Day

....Gebetstag für verfolgte und bedrängte Christen

27. Dezember

....

....

....

....

28. Dezember

....

....

....

.... Tag der unschuldigen Kinder

29. Dezember

....

....

.... Tick-Tack-Tag

....Welttag für die biologische Vielfalt

30. Dezember

....

....

....

....National-Bicarbonate-of-Soda-Day

31. Dezember

....

....

....

....**Sylvester**

<u>Notizen für's Neue Jahr:</u>

....

....

....

....

....

Christliche Feste und Gedenktage als bewegliche Feiertage

Aschermitttwoch, Beginn der Fastenzeit, liegt 40 Tage vor Ostern, wenn man Karfreitag und Karsamstag mitzählt und die Sonntage ausschließt.

Der **Palmsonntag** steht am Ende der Fastenzeit und gleichzeitig am Beginn der Heiligen Woche.

Gründonnerstag ist der Tag vor Karfreitag. Der Name leitet sich möglicherweise von "greinen" oder "grienen" ab, das soviel wie „Weinen" bedeutet.

Der **Karfreitag** ist der Freitag vor Ostern. Unter Einbeziehung des kGründonnerstagabend ist der Karfreitag (althochdeutsch kara ‚Klage', Trauer') der erste Tag der österlichen Dreitagefeier, die in ihrer Gesamtheit in allen christlichen Konfessionen das höchste Fest des Kirchenjahres darstellt.

Karsamstag als erster Tag nach Karfreitag ist ein Tag der Stille.

Der **Ostersonntag** ist im christlichen Kirchenjahr der höchste Feiertag, an dem der Auferstehung Jesu Christi nach dessen Tod am Kreuz gedacht wird. Diese Ereignisse fielen nach Bericht des Neuen Testamentes in die Woche des jüdischen Pessachfestes. Dieser Festtermin bestimmt damit auch den Tag des Ostersonntages. Ostern findet am Sonntag nach dem ersten Frühlingsvollmond statt, der ist frühestens am 22. März, spätestens am 25. April.

Ostermontag ist der „zweite" Osterfeiertag.

Christi Himmelfahrt wird am 40. Tag des Osterfestkreises, also 39 Tage nach Ostersonntag, gefeiert und fällt damit immer auf einen Donnerstag. Frühester Termin ist der 30.4.; spätester der 3. Juni.

Pfingstsonntag, nach christlichem Glauben der Tag der Ausgiessung des Heiligen Geistes, ist der 8. Ostersonntag, der 50. Tag des Osterfestkreises, 7 Wochen nach Ostersonntag. Pfingsten wird auch gern als Geburtstag der Kirche angesehen

Trinitatis, das Dreifaltigkeitsfest, wird am 1. Sonntag nach Pfingsten gefeiert.

Das **Fronleichnam**sfest wird am 60.Tag nach Ostern und damit am Donnerstag nach Trinitatis begangen. Der früheste Termin fällt auf den 21. Mai, der späteste Termin auf den 24. Juni.

Der **Erntedanktag** wird traditionell am Sonntag nach Michaelis (ev.) oder am ersten Sonntag im Oktober (kath.) begangen. Die kath. Regelung geht auf einen Beschluss der deutschen Bichofskonferenz von 1972 zurück, die evang. Regelung beruht auf einem Erlass des preußischen Königs aus dem Jahre 1773.

Der **Volkstrauertag** wurde vom Volksbund Deutsche Kriegsgräber-fürsorge eingeführt. Er findet am vorletzten Sonntag im Kirchenjahr (ev.) bzw. am 33. Sonntag im Jahreskreis (kath. statt. Der Volkstrauertag ist zu einem Tag der Mahnung zu Versöhnung, Verständigung und Frieden geworden.

Buß- und Bettag ist seit 1999 kein gesetzlicher Feiertag mehr, fand bis dahin alljährlich am Mittwoch vor Totensoonntag statt.

Ewigkeitssonntag bzw. **Totensonntag** ist der letzte Sonntag im Kirchenjahr. Dieser Tag wurde im Jahr 1816 als Gedenktag eingeführt durch Friedrich Wilhelm III., König von Preussen.

Mit dem **1. Advent** beginnt das neue Kirchenjahr.

Übrigens:
Rosenmontag, Höhepunkt des Karnevals, ist der Montag vor Aschermittwoch, 48 Tage vor Ostern (2 Wochen minus 1 Tag).

15 feier- und gedenkfreie Tage

In Worten: <u>fünfzehn !</u>

9. Januar

12. Januar

8. Februar

2. März

10. März

29. März

30. März

5. April

7. Mai

19. Mai

9. Juni

18. August

21. August

17. September

27. Dezember

Alle Tage Feiertage
ISBN 978 3 7386 0409 2, 280 S.
Weber, Frank
Allerlei Anlässe zum Aktionieren, Feiern und Gedenken

Feste & Feiern
ISBN 978-3-7386-0407-8, 104 S.
Weber, Frank
Ein kleiner privater Kalender mit allerlei Feier- und Gedenktagen

Kinderlieder
ISBN 978-3-7322-3024-2, 112 S.
Weber, Frank
100 Kinderlieder, altbekannt und immer wieder gern gesungen

Liederbuch (Deutsche Volkslieder)
ISBN 978-3-8423-6702-9, 312 S.
Weber, Frank
300 Volkslieder aus 8 Jahrhunderten und aller Herren Länder

Tausenderlei über die Freiheit
ISBN 978-3-7322-9721-4, 140 S.-9721-4, 140 S.
Weber, Frank
Mehr als 1000 Zitate, Bonmots und Aphorismen über die Freiheit

Tausenderlei über das Glück
ISBN 978-3-7322-5525-2, 160 S.
Weber, Frank
Mehr als 1000 Zitate, Bonmots und Aphorismen über das Glück

Tausenderlei über die Liebe
ISBN 978-3-8423-7474-4, 140 S.
Weber, Frank
Mehr als 1000 Zitate, Bonmots und Aphorismen zum Thema Nr. Eins

Weihnachtslieder
ISBN 978-3-7322-3375-5, 112 S.
Weber, Frank
100 Weihnachtslieder aus der Heimat und der ganzen Welt

lob und tadel: tessitore@web.de